200年、読み継がれる

世界最古の名言集

知識への投資が最高の利子を生む。

An investment in knowledge always pays the best interest.

——ベンジャミン・フランクリン

ベンジャミン・フランクリンを尊敬する偉大な人物たち

ベンジャミン・フランクリン
Benjamin Franklin

自己啓発の原点

『人を動かす』
デール・カーネギー
Dale Breckenridge Carnegie

『自助論』
サミュエル・スマイルズ
Samuel Smiles

『7つの習慣』
スティーブン・R・コヴィー
Stephen Richards Covey

資本主義の育ての親

「世界一の投資家」
ウォーレン・バフェット
Warren Edward Buffett

「大社会学者」
マックス・ヴェーバー
Max Weber

「世界最高の起業家」
イーロン・マスク
Elon Musk

◇◇◇

イーロン・マスクが「成功」のために
読むべきだと勧める9冊の本。

—

『Benjamin Franklin:An American Life』

ウォルター・アイザックソン 著

—

**「この本を読めば、彼がどれだけ
素晴らしい起業家だったかわかるだろう。
彼は何も無いところからスタートした。」**

「Foundation 20 // Elon Musk」より引用

◇◇◇

(『人を動かす』の著者)デール・カーネギーは、
ある晩教室で一冊の本を手にしながら、

—

「すべての人がこの本を読むといいんだが。
しかも数回読みかえせばね……」
と語りだした。本の名は
『ベンジャミン・フランクリン自伝』
といった。

——フランク・ベトガー『熱意は通ず』より

—

『フランクリン自伝』(土曜社)より引用

「アメリカ建国の父のひとり」と呼ばれ、
100ドル紙幣にもその肖像画が
描かれた政治家であり、
「資本主義の育ての親」と称され、
その自伝はのちの伝説的経営者たちの
バイブルとなった実業家。

しかし、その実は、自分の甘さを認め、
徹底した「習慣」により
自己を「管理」し、弱さに打ち勝った
普通の人間だった。

文庫版刊行によせて

世界中で読み継がれる営業のバイブル『私はどうして販売外交に成功したか』（フランク・ベドガー著、土屋健訳、ダイヤモンド社、1982年）を読んだとき、ベドガーはフランクリンの「十三の徳目」を実践したことを知った。わたしはまだ20代だったが、「十三の徳目」から情熱や達成という自分なりのキーワードをつくり、それを守ることでトップセールスになることができた。

これまで2000冊を超えるさまざまな書物を読んできたが、ベンジャミン・フランクリンは若者にもっとも薦めたい思想家のひとりだ。

フランクリンは出版業で経済的な基盤をつくり、文筆家としても政治家としても社会に大きな影響を与え、アメリカ建国の父と呼ばれるほどの成功者となった。

成功するためには、自己中心的な判断ではなく相手中心の判断が求められる。世の中には、勝てば官軍という価値観に基づいた成功法則を説く書物も溢れている。それはひとつの生き方ではあるが、お金を目的にすると、お金に囚われる。自己中心の行き着くところは無目的、無目標、生き甲斐の喪失である。人が生きている意味を感じられなくなるのは、目的、志がないからだ。

フランクリンの事業の源には利他の精神・志があった。人を幸せにするための道具として、お金を自分の僕（しもべ）にできたからこそ、成功者となったのだ。

他人との比較や他人から刷り込まれた成功を生きることは成功ではない。自分はどんな人生を生きていきたいのか、死後、自分はどんな人間だったと言われたいのか。

わたしは「達成を科学し、縁ある人を物心両面の豊かな人生に導いた能力開発スペシャリストここに眠る」と墓碑に刻めるような人生を思い描いて生きている。

世の中にはまだまだ恵まれない環境で生きている人たちもたくさんい

る。そうした人々を、高い志をもって、豊かに導いたからこそ、フランクリンは偉人と呼ばれるようになった。その志はこれからのリーダーに必要なものだ。

企業にも企業理念があるように、個人にも寄って立つ理念が必要だ。理念とはある物事の本来こうあるべきであるという根本となる考え方、一貫性のある価値観のことである。すなわち、理念とは人から与えられたものでは意味がない。

理念を土台として一貫性のある行動をすれば、人生の幕を閉じるときに納得のできる人生を送ったと言いきれるようになる。これが真の成功者である。

フランクリンの言葉には自己修練とともに、他人への配慮がつねに含まれている。それを意識した行動からは、おのずと信用、信頼が生まれる。真の成功を収めるために、フランクリンの言葉に触れてもらいたい。

どれも高潔であるがゆえに、理想論や形而上の言葉として捉えられてしまうかもしれない。しかし、フランクリンも若いときは議論好きで、相手を論破し、たくさんの敵をつくってしまった。そのような経験から本書にもある名言・教訓が生まれた。

偉人とは、過ちを犯さない人ではなく、想像力を働かせて将来を予測し、行動を軌道修正できる人である。フランクリンの名言は、フランクリンの成功に役立った。あなたにもきっと有益なものであろう。

ベンジャミン・フランクリンとは？
「向こう見ずな青年」から「伝説の人物」へ

貧しい平民の出から、実業家として大富豪へと成り上がり、のちに国家の独立にまで寄与した男。近代において、このような人物が他にいただろうか。

大航海時代が幕をあけてから２００年。
１７００年代、ヨーロッパ諸国が土地を奪い合い、まだアメリカが国家にすらなっていない植民地時代。新大陸には大西洋を渡ってきた開拓者が溢れ返り、みながフロンティアと呼ばれる世界で成り上がろうとしていた。

彼も、そのひとりだった。

ニュー・イングランド（現在のボストン）にある貧しい家に生まれた彼は、10の歳から父の仕事である蝋燭づくりを手伝っていた。彼は知識に飢えていた。わずかながら手に入る金はすべて本の代金に使い、行商人が売り歩く安本はたいてい読んだ。

12歳で印刷工見習いとして社会に出て、若くして職人の技術を身につけた彼は、まだ見ぬ新しい土地を求めた。

ベンジャミン・フランクリン、17歳。

ポケットの中にはわずかな硬貨のみ。こっそりと定期船に忍び込み、誰の推薦状も持っていなければ、知人とてひとりとしていない土地へ向かった。しかしその船は嵐に遭い、帆はぼろぼろに引き裂け、30時間ラム酒1本で海の上を漂うところから、物語は始まった。

たどり着いた町で再び印刷工として雇われ、さらに海を渡ってロンドンに向かい、友に裏切られながらも、22歳で印刷業として独立。26歳のときには、世界最古となる「格言入り日めくりカレンダー」を出版した。

古今東西から人生の大切な教訓をかき集めた、この『貧しいリチャードの暦』の出版は25年もの間続き、アメリカ市民を豊かにした。混沌の時代、まだまだ本を読む習慣すらなかった民衆に、数々の格言を通して、勤勉や美徳の価値を伝え続けたのだ。

印刷業で成功を収め、莫大な富を得たのち、フランクリンは政治家となった。

と言っても、ただ椅子の上に腰を下ろしていたのではなく、時には隊長として戦地に赴き、あるいはイギリス本国へ渡り、植民地で生きる人々の権利を奪わぬよう嘆願し、アメリカの独立に多大な貢献を果たした。

そして、１７７５年、アメリカ独立戦争が始まった。イギリス本国と植民地の戦争である。

このときフランクリンは、すでに69歳となっていた。

翌年、「アメリカ独立宣言」がなされ、彼はその起草委員のひとりとして署名し、「アメリカ建国の父」と呼ばれるまでになったのである。

「Time is money（時は金なり）」をはじめとする世界最古の名言集をつくった人物

その生涯をまとめた『フランクリン自伝』はアメリカ国民のバイブルとなるほど尊敬される人物。

しかしその実は、地頭こそいいが、向こう見ずで、狂気を合わせ持った青年だった。

商売のために借りた金を使い込んで酒を飲み、友には高慢で謙虚さが足りないと叱られ、私生児をつくり、若気の至りという言葉では済まされない罪も犯した。

しかし彼は、自分の中にある弱さを認めた。

そして、徹底した「習慣による自己管理」によって、怠惰や誘惑と戦い続け、弱い自分に打ち勝ったのである。

フランクリンは、その自伝にこう言い残している。

「私が道徳的完成に到達しようという不敵な、しかも困難な計画を思い立ったのはこのころのことであった。私はいかなる時にも過ちを犯さずに生活し、生れながらの性癖や習慣や交友のために陥りがちな過ちは、すべて克服してしまいたいと思った」

「しかし、やがて私は思ったよりずっと困難な仕事に手をつけたことに気がついた。完全に道徳を守ることは、同時に自分の利益でもあるというような、単に理論上の信念だけでは過失を防ぐことはとうていできない。（中略）まずそれに反する習慣を打破し、良い習慣をつくってこれをしっかり身につけなければならない」

こうして生まれたものこそ、節制や勤勉をうたった「十三の徳目」であり、『貧しいリチャードの暦』に書き込まれた、数百にも及ぶ格言だったのである。

「自己啓発書の原点」「世界最古の名言集」。

彼が残した書物がこう称されるのは、かの有名な言葉を最初に言ったのがベンジャミン・フランクリンだった、という事実を付け加えれば、おわかりいただけるだろう。

「Time is money（時は金なり）」

今日、わたしたちが当たり前のように耳にする格言の出典は、元を辿ればその多くが彼の言葉に行き着くのである。

「あなた自身ほど、しばしばあなたを裏切ってきた者はいるか」

本書は、フランクリンが残した数々の名言を日本で初めて超訳した一冊である。

しかし、彼が生きたのは1700年代。時代の違いに加えて、熱心なプロテスタントであった彼の言葉をそのまま理解することはとても難しいことだ。

この本におけるわたしの役割は、彼が残した宝石のような言葉をどうにか噛み砕くこと。

今の時代に合った、今を生きるみなの心にとどまる表現にすること。

古い時代の説教としてではなく、ほんとうに人生の役に立つ「習慣」となる言葉にして届けたいと思い、この本を書くことにした。

「あなた自身ほど、しばしばあなたを裏切ってきた者はいるか」

これは、フランクリンが残した言葉のひとつである。

偉人とは、もともと偉人に生まれるのではなく、誇り高き理想の自分に向かい、習慣という鎧を着て、自分の弱さと戦い続けた「普通の人」である。

だからこそ、今を生きる「普通の私たち」の心を、強く強く揺さぶるのだ。

事後対応に追われる人生から、事前対応の人生へ

習慣とは、人生に起こる様々な逆境や困難に対して、事後対応ではなく事前対応ができる唯一の策である。

大富豪でありながら、人を幸福に導く道徳者。

フランクリンの言葉は、とことん現実的で、「美徳」と「利益」のど

ちらをも諦めず、その間にある本質を残酷なほど貫く。熱心なクリスチャンでありながら、徹底して虚像の世界を嫌い、ビジネスと政治の世界に生きた人間だからだろう。

突如として、生き方や働き方の価値観がすべて覆されはじめた現代。あなたが生きられるのは、あと何十年か。

あなたは何を求めているのか？
あなたにとって大切な富とは何か？

気分よく生きていけること、みなの笑顔、心身ともに健康な生活、愛に満ち溢れた生活、生きがいを感じる職業、お金の心配から解放された感情、胸を張れる歴史。
残された人生、後悔と恥のない毎日を生きるために。
２００年以上前に書かれた世界最古の名言集の中へ、自分の弱さに打ち勝つ方法を見つける旅に、ともに踏み出せたらと思う。

人はどこからでも、いつからでも、よくなれる。

青木仁志

金子一也氏

（松下政経塾 研修局長）

稲妻は電気なり。
言葉も電気なり。
企業家精神の待望の名著。

佐々木常夫氏

（東レ経営研究所 特別顧問）

人間は時々、自分の弱さに
負けてしまいそうになることがある。
この歳になっても、だ。
そんな時、この本を読んでみるといい。
不屈の心と鋼（はがね）の習慣を与えてくれる。
克服できない弱さはない。

目次

人間関係

「発言」と「感情」の管理

relationship

金持ちの条件

「時間」と「お金」の管理

time & money

リーダーシップ

「選択」と「使命」の管理

leadership

自分を鍛える

「甘え」と「弱さ」の管理

self help

生き恥を晒さない

「欲」と「プライド」の管理

desire & pride

人としての基本

「勤勉」と「美徳」

basic morals

人としての基本は、
「勤勉」と「美徳」である。

001

小欲は大悪

勤勉は幸運の母である

Diligence is the mother of good luck.

小さな満足は、大きな悪に似ています。

ひとたび小さなことで自己満足してしまうと、それ以上、人間は大きくなれないからです。

人の一生の豊かさの違いは、求める心の強さの違いです。

002

自分を顧みる

わたしを指す前に
自分の指を綺麗にしろ

Clean your finger, before you point at my spots.

ちょっと待ってください。

誰かを非難する
あなたの指は、
その心は、
汚れていませんか？

003

無知はコスト

知識への投資が最高の利子を生む

An investment in knowledge always pays the best interest.

もしも財布の中身を頭の中につぎ込んだら、誰も盗むことができません。つまり、知識への投資は、あなただけが独占できる最高の利子を生む、ということです。

反対に、無知であることはそれ自体が大きな損失です。

人間関係にしても、相手のことをよく知らないから、トラブルになります。最悪の場合、多額の弁護費用がかかるでしょう。

仕事にしても、基礎となる知識がなければ、確かな成果など出ません。

最悪の場合、大損もあるでしょう。

健康にしても、無知がゆえに、病気の症状は刻々と進んでしまいます。この場合、多額の治療費で済めばまだよいですが、最悪の場合、命をおとすことさえあるのです。

無知はコスト。

逆説的ですが、だからこそ、学ぶこと、本を読むこと、人の話に耳を傾けること、知識への投資は最高の利子を生むのです。

004

相手に損をさせないプライド

王冠は頭痛を治癒しない

The royal crown cures not the headache.

高級なスーツも光り輝く腕時計も、それ自体が良い品なだけであり、本人はいいと思っていても、その人の器に合わないものには、周りから見たら、恥ずかしいほどの劣等感が露呈しています。

どんな権力をかぶっても、どんなトロフィーを手にしても、自尊心を満たすことはできません。

ほんとうに必要なプライドとは、自分が何かを手にするためのプライドではなく、相手に損をさせない、というプライドなのです。

005
うまくいかないときの兆候

釘1本が足りないため蹄鉄がダメになり、蹄鉄ひとつがないために馬が使えなくなり、馬1頭が失われたために乗り手もいなくなった

For want of a nail, the shoe is lost; for want of a shoe, the horse is lost; for want of a horse, the rider is lost.

人生が崩れ出す瞬間って、いつだと思いますか？　当たり前のことを当たり前にやらなくなったとき、です。

凡事徹底。

当たり前のことを特別に、熱心に、しかも徹底的にやり続ける。これこそが、長期的な繁栄を生み出す唯一の「技術」です。

006

弱さを知らない人が負ける

敵を愛しなさい。彼らがあなたの欠点を指摘してくれるから

Love your Enemies, for they tell you your Faults.

自分では見つけられない弱点を教えてくれる人を大切にしてください。

弱点や愚かさがわかってはじめて自分をコントロールできます。弱さを知らなければ努力しようと思えません。

だから、人生がダメになるのです。

007

まっすぐ立てるだけの重み

からっぽのカバンは
まっすぐ立たない

An empty bag cannot stand upright.

カバンも人間も一緒。
中身のない「からっぽ者」は、
ちゃんと立つことすらできない。

008
努力の節約

憶測は人間を盲目にさせてから走らせる

Presumption first blinds a man, then sets him a running.

これはもう間違いない、という思い込みが行動に拍車をかけます。
しかし、大切なのは、速さではなく、正しく目的地に向かっているかどうか、です。

南に行きたければ、南に向かって歩かなければいけない。北に向かって倍の速度で走れば、南から倍離れてしまうのです。
大切なことは、選択の質です。

結婚相手を間違わないこと。
働く場所を間違わないこと。
医者や弁護士といった頼るべき職業人を間違わないこと。
信仰の対象を間違わないこと。
人生設計を間違わないこと。
投資先を間違わないこと。
付き合う友達を間違わないこと。
努力の力点を間違わないこと。

きりがありませんが、選択の積み重ねが人生を決定します。
努力よりも、正しい選択を優先する。それが、最善を尽くす、ということです。
ずれた努力は、コストでしかない。
方向性のない努力をしたあとに待っているのは、挫折だけです。

009

勤勉の汗は頭にかく

勤勉さと忍耐で、
ネズミがケーブルを
真っ二つに噛みちぎった

By diligence and patience, the mouse bit in two the cable.

どんな小さき者でも、勤勉さと忍耐があれば事を成し遂げることができます。

ただ、この勤勉という言葉の意味を誤解してはいけません。勤勉とは、長時間の労働を我慢することではなく、同じ資本、同じ労力、同じ時間でどれだけ大きな成果を生み出すか、その生産性に挑む姿勢こそ「勤勉」と言われるべき姿です。

つまりは、身体に汗をかくのではなく、頭に汗をかくということ。かいた汗に酔うのではなく、出した成果に酔うということ。

010
無計画は最初の失敗

『時間なら十分ある』
という発言は
いつでも何も証明しない

"Time enough", always proves little enough.

厳しい言い方になるかもしれませんが、頑張ったと言っても、努力したと言っても、その行為が目的からズレたものだったとしたら、すべてコストでしかありません。

お金なら十分ある、という人は大勢いるでしょうが、時間なら十分ある、という人はなかなかいないものです。

ずれた努力や頑張りで時をムダにしてはいけない。無計画は、計画の中で起こる、いちばん最初の失敗ですよ。

011
感情の言いなりではなく習慣の奴隷になる

善人はめったに
不安にならないが、
悪人はちっとも
安心できない

A good man is seldom uneasy, an ill one never easy.

不安になりたくなければ、不安になるようなことをしなければいい。

いやいやでも自分はそんなに強くない、と思うのであれば、「習慣」を味方にすればいい。もっと言うなら、「習慣の奴隷」になればよいのです。

習慣が持つ力の偉大さは、次の言葉に現れています。

「行為は感情に先行する」

たとえばどうにも人付き合いが下手だ、と思っているのなら、お礼の連絡は必ず朝いちばんにする、という習慣をつくり、ただそれに従えばいい。

その習慣を続けていれば、続けられているという自信とともに、自然に人付き合いに対する苦手意識はなくなっていきます。行為は感情に先行する、ということです。

不安という感情は、良い思考、習慣によって消し去れるのです。

012
損することと得することの境界線

『鉛』を『黄金』に変える
賢者の石は見たことはないが、
それを追求するあまり、
人の『金』が『鉛』に
変わっていくことは知っている

I have never seen the philosopher's stone that turns lead into gold,
but I have known the pursuit of it turn a man's gold into lead.

むちゃなことを追い求めて、いつの間にか損をしていた。

それは、この世の中には、自分でコントロール（支配）できること、と、自分でコントロールできないことが存在していることを理解できていないからです。

自分がコントロールできる範囲で豊かさを求めている人は、自分の実力と責任の範囲の中で、着実に富を拡張できます。

ところが、世の中の多くの人は、自分にはコントロールできない世界の中で、いつの間にかうまい話に乗せられ、泳がされ、転がされ、富を垂れ流してしまっています。

いちばんの問題は、自分ではどうすることもできない範囲のことを気がかりに思い、時間や労力をかけてしまっているということに誰も気づいていない、ということです。

自分がコントロールできることのみに集中すれば、冷静な情熱をもって富を築けるというのに。

013

適量を知る

他人に親切すぎる人は、自分に不親切である

The too obliging temper is evermore disobliging itself.

親切は良いことです。

しかし、そのせいで自分のバランスを崩したり、自分の家族を守れなかったりすると、その親切はたちまち偽善となってしまいます。

親切も、欲望も、仕事も、金もすべて、「自分がコントロールできる範囲」だけを扱いましょう。

014
口癖にしたい言葉

「『明日には自分は変わる』」と
愚か者が言った。
「『今日ではもう遅い』」と
賢人が昨日変わった

Tomorrow I'll reform, the fool dose say;
Today itself's to late; the wise did yesterday.

やるべきことや億劫なことをつい後回しにしてしまう、という厄介な癖を持っている人は、「今度から改善する、と決断する人は、今改善しない、と決断しているのと同じ」という言葉を口癖にするのがよいと思います。

015

こういう人でわたしはありたい

有名にならなかった偉大な魂は
有名になった魂と
同じ数だけいただろう

There have been as great Souls unknown to fame
as any of the most famous.

力のある者とは、情熱を抑えることができる者のことである。
富ある者とは、自分の分け前に満足を感じる者のことである。
強き者とは、己の悪しき習慣に打ち克つことのできる者である。
知恵ある者とは、すべての人から学びを得る者のことである。

016
踏ん張りどき

怠惰は死海だ。
それはすべての善行を吸い込む

Idleness is the Dead Sea, that swallows all virtues.

怠惰は死海、怠惰は暗闇。

怠惰な時間は、あらゆる否定的な思考の源です。否定的な思考はどす黒い渦となり、あらゆる可能性を一息にのみ込んでいきます。

すべてが困難に思えてくる前にどうか行動を起こしてください。

017
時間は決断の質を保証しない

簡単に手に入れられたものが、
非常に価値あるものだったりする

Ask and have, is sometimes dear buying.

たいていの人は、こんな勘違いをしています。
考えれば考えるほどすばらしい答えが生まれる、と。

考えた時間をムダにした、と思いたくないから、あるいは考えた時間が安心をくれるから、そう思いたがるのですが、「かけた時間」は「決断の質」には何の関係もありません。

むしろほんとうに良い答え（アイデア）というものは、目的と情報が確かに揃っていれば、瞬時に導かれるものです。

時間がかかる、ということは、目的も曖昧で、情報が不足している証拠です。
決断にかける時間は決断の質を保証しない。

覚悟を決める場面で忘れてはいけない、重要な真理です。

018

逆境は宝の山

人生における困難と喪失は、人をより謙虚に賢明にする

After crosses and losses men grow humbler and wiser.

目の前に現れる苦難や障害に対して、富に至る者は、「主人公」としてそれを乗り越えようとします。

貧しさにあえぐ者は、「被害者」としてその生涯を逃げ惑います。

これが、困難や喪失を糧にできる人とできない人の違いです。少なくともわたしにとって、逆境は宝の山でした。

019
もっと幸せになっていい

自分自身を不幸にすることよりも
痛みを感じることは
あるだろうか？（ないだろう）

Is there anything men take more pains about than to render themselves unhappy?

聖書には「自分を愛するようにあなたの隣人を愛せよ」とあります。が、さらに言うと、自分を愛する以上に人を愛することはできないのです。

ですから、この聖書の言葉の真の意味は、「他者を幸せにしたければ、まずは自分が幸せになりなさい」となります。

自分は不幸だ、と愚痴をこぼす人と一緒にいて一度でも、幸せだ、と思ったことがありますか？

あなたは、間違いなく、誰よりも幸せになってよいのです。

020

尊敬される生き方

己をつくりあげる者は、
本を書きあげる者より賢い

He that can compose himself, is wiser than he that composes books.

ある牧師の言葉に、「あなたが語る説教を実存の世界で活かしてください」という言葉があります。

言葉で言ったり、文字で表すことは、虚像（言葉）の世界の中でいくらでも可能ですが、実体（行動）が伴うかどうかが大切です。

021

一回で一生の協力者

誠実な農民は悪人の王子よりも価値がある

An innocent plowman is more worthy than a vicious prince.

勤勉に働いている労働者は、働かない権力者より尊敬されます。地位よりも徳です。

たとえばセールスという仕事においても、益を求めて、一回きりの顧客を掴もうとするのではなく、徳を差し出し、一生の協力者をつくることが大事。

美徳や誠実という無形の資産は、お金や財産という有形の資産の源泉なのです。

大丈夫です。

人はちゃんと、あなたの勤勉な姿を見てくれていますから。

人間関係

「発言」と「感情」の管理

relationship

人間関係とは、
「発言」と「感情」の管理のことである。

022
人間関係のもつれの原因

自分がこう見える、と思っていることが現実である

What you would seem to be, be really.

今から、あらゆる人間関係のもつれの原因についてお話しします。

まず、この世の中には3つの世界が存在しています。

「真実」と「事実」と「現実」。

それぞれ似ているようで、まったく異なるものです。

真実とは、神のみぞ知る世界です。これは誰にも知ることができません。

事実とは、根拠のある実際に起きた出来事です。これは誰にも覆すことはできません。

しかし3つの中で唯一、人によってころころと変わるものがあります。

それが、現実です。

現実とは、起きた出来事（事実）をそれぞれが解釈したものです。

ですから、誰の目から見ても悲しい事実が起こったとしても、あなたが幸せだと言えば幸せですし、不幸だと言えばやはり不幸。生きている人の数だけ現実があり、人の脳で捉えた世界があります。

「わたしはこう思っていたけれど、あの人はああ思っていた」

人間関係においては、この「現実のずれ」こそがすべての原因となっています。

023
成り下がり

口論は長くは続かない。
もし片方だけが
ほんとうに悪いのであれば

Quarrels never could last long, if on one side only lay the wrong.

議論の目的は「問題解決」のはずです。

しかし、その目的が「互いの正しさの証明」になってしまうとただの口論に成り下がってしまいます。


目的のすり替わりに気をつけてください。

本質的ではないところにこだわっている時間は、長く、眠く、コストでしかない時間です。

024

おしゃべりは敵をつくる

最高の話題において、あなたは話しすぎるかもしれない

You may talk too much on the best subjects.

自分が得意なことや好きな領域ほど、人一倍の経験や知識を持っていることでしょう。

でも、「だからこそ」です。

だからこそ、意図せず、相手を打ち負かしてしまうことがあります。

意図せず、能力を余分に誇示してしまうことがあります。

意図せず、敵をつくってしまうことがあります。

話しすぎないことが大事です。

025
大人の対応

理由のない怒りはないが、
正当な理由の怒りはめったにない

Anger is never without a Reason, but seldom with a good one.

正当な理由がある怒りなど滅多にありません。なぜなら、怒りというう感情が捉えているものがいつも「事実」ではなく「解釈」だからです。

理性が働いているときならば、問題が生じても、人は事実を見たうえで解決しようとします。

しかし、怒っている人はそんなところなど見ていません。

軽く扱われている。
大切にされていない。
何様だと思っているんだ。

このように事実を自己中心的に解釈して怒っているのです。

ですから、怒っている人に対して、「事実はこうなんです」といくら伝えても意味はありません。

相手がその事実をどのように解釈しているのかに配慮すること。
それが正しい大人の対応です。

026
刺されるのはいつも心許した側近

愚かな友と仲良くすることはカミソリと寝るようなものである

To be intimate with a foolish friend, is like going to bed with a razor.

あなたにナイフを突きつけるかもしれないのは、妻か、愛人か、心許した側近。いちばん身近な存在に刺されるのです。

人間関係の決定的な失敗は「甘さ」から起きます。

これくらいなら大丈夫だろう。

あの人ならわかってくれるに違いない。

こうした自己中心的な甘さが、相手を傷つけ、関係を壊します。

その相手が欲していたのは、あなたから愛されている、あなたに信頼されている、という感情だったのに。

いちばん身近な人にこそ甘えてしまう。

いちばん身近な人にこそ時間を割かなくなってしまう。

どんなに忙しくても忘れないでください。

相手の態度は、あなたの行いの反映であるということを。

027

男を高める場所

妻のいない男は、完全な男ではない

He that has not got a Wife, is not yet a complete Man.

妻とは、男にとっていちばん身近な他人です。

他人とうまくやっていくために求められるものが自制心です。他者からの誘惑、妻への甘え。それらに打ち勝ち、選んだ以上は幸せにしよう、という誠実さ。その覚悟を貫いていく生活。

結婚というものは、仕事以上に男を男として高めるものです。

028
減点式より加点式

戦ったうえで結婚をしなさい。
そうすればあなたは、
主人（マスター）になることが
できるだろう

Marry above thy match, and thou 'lt get a master.

外見だけで相手を選んだ結婚。

あるいは、いいところばかりを見せて偽りの姿でした結婚。

どちらにしても100点から始まれば減点していくしかないでしょう。幸せなことではないですね。


戦ったうえで、つまりは、ほんとうの自分を見せ合い、一緒に100点の夫婦をめざしていくのが結婚です。

029

すべての関係に言えること

結婚の前に目をよく開けておき、
結婚後に半分閉じなさい

Keep your eyes wide open before marriage, half shut afterwards.

目をよく開けなさい＝選択を間違うな。
目を半分閉じなさい＝互いを許し合え。

結婚だけに言える言葉ではありません。
会社を選ぶときも、社員を選ぶときも、友人となるときも、すべて金言の意味は同じです。

030
憎めない愚かさ

愛、咳、煙は
上手く隠すことができない

Love, cough, and a smoke, can't well be hid.

ゴホゴホと音を立てる咳と同じように。
モクモクと立ち上る煙のように。
愛、つまり好きになった相手へのドキドキは
隠すことができない。

いくつになっても。

031
隠しておく

知識を誇りに思うことは、光で目がくらんでしまっているということである。美徳を誇りに思うことは、解毒剤を使いながら自分を毒することである

To be proud of knowledge, is to be blind with light; to be proud of virtue, is to poison yourself with the antidote.

知識は、
隠しておきなさい。
良いことほど、
そっと隠れてやりなさい。

032
一言多い

疑うことは
傷にならないかもしれない、
しかし疑っていると示すことは
大きな傷になるだろう

Suspicion may be no fault, but showing it may be a great one.

あなたが相手を疑っている、というあなたの解釈でしかない現実を伝える必要はまったくありません。

今、あなたとわたしの間にある事実はどういう状態なのかだけを、（小さな笑顔を添えて）伝えればいいのです。

033

労力でしかない努力

人は修復するよりも取り繕うことに苦労する

Men take more pains to mask than mend. Bad Gains are truly Losses.

いつだって、問題そのものが問題なのではない。問題に対する捉え方や対応策こそが問題である。

これがわたしの考えです。

修復とは、相手の望みを汲んで改善することですが、取り繕うとは、その場しのぎの手段でしかありません。

自分の都合のいい論理で、意のままに相手を変えようとする。そのような場しのぎの努力は、すぐに次の問題を起こします。

その努力は、労力です。

034
人生の黄金律

彼らが友達であれば、良い行いをして関係を継続しなさい。彼らが敵であれば、良い行いをして彼らを取り込みなさい

Do good to thy friend to keep him, to thy enemy to gain him.

自分の欲求を満たすときに他の人の欲求充足を妨げると嫌われる。
他者の欲求を満たすことを自分の欲求充足にできると好かれる。

ただそれだけ。
人間関係とは、こんなにも単純なものなのです。
人生の黄金律です。

035

億万長者の結論

悪は自らが醜いことを
知っているから、
仮面をつける

Vice knows she's ugly, so puts on her Mask.

人間、誰でも弱さを持っています。人はみな自己中心的です。

気を抜くとズルをしてしまいますし、それを隠そうとします。

わたしはそれを責める気はありません。

正直であることがとても難しいことだ、ということはみなさんもご存知でしょう。

しかし、世界の億万長者に「なぜあなたは豊かになったのか？」という調査をした結果、その理由として、いちばん多かったのは、「わたしが正直であったからだ」という回答だったのです。

悪、嘘、偽り、ごまかし、まやかし。

増えれば増えるほど、自分を着飾らなければいけないわけですから、富の妨げになる重荷は増えていく一方です。

重荷を増やさないコツはたったひとつです。そして、とても簡単です。

過ちに対して、すぐに「ごめんなさい」「許してほしい」と正直に言えるかどうか。

小さなうちの悪は、事実を認めさえすればすぐに清算されます。犯してしまった事実はもう変えられませんが、あなたが持つ信頼という現実は揺るがないのです。

036
酒の役目

相談はワインを飲みながら。
解決はそのあとで水を飲みながら

Take counsel in wine, but resolve afterwards in water.

本音は酒の席に出ます。リラックスした空気、打ち解けた雰囲気、親身な人間関係。しかし、酒の役目はそこまでです。

その本音をどう生かすか、本音という事実に立脚した解決策は、違う場面、より冷静な場所で決定されるべきです。

意思決定は、本質的、長期的、客観的に。人間関係に左右されてはいけません。

037
人脈づくりのマナー

無知は彼をパーティーに導き、
羞恥心は彼らがそこから
脱出することを妨げる

Ignorance leads men into a party, and shame keeps them from getting out again.

身の程も知らず華やかな場所へ行き、会場の隅で立ち尽くす。富に至る道のりで、一度は経験する失敗でしょうか。

誰それと会ったことがある。誰それと知り合いだ。あなたより下の立場からすると「価値」に映るかもしれませんが、上の立場の人からすると、それは「恥」でしかない見栄です。

大切なことは、あなたが誰を知っているか、ではなく、誰があなたを知っているか。その人の器までしか人脈は広がらないのです。

038
抜きん出たときこそ振り返る

棘（とげ）を散らす人は、素足で外に出てはいけない

You cannot pluck roses without fear of thorns,
Nor enjoy a fair wife without danger of horns.

いつも自分が何を撒きながら歩いているのか。

周りより一歩抜きん出たそのときこそ、あなたが振り舞いていたのが微笑みなのか、棘なのか、確認するタイミングです。

冷静に振り返って見ておかなければ、いつか人の前を歩けなくなる日が来てしまうでしょう。

039

格の違いの示し方

害すると敵より下に置かれ、
復讐すると同じ位置に置かれ、
許してやると敵より上に置かれる

Doing an Injury puts your below your Enemy; Revenging one makes you but even with him; Forgiving it sets you above him.

ばかにされてはいけない。

軽く見られてはいけない。

なめられてはいけない。

そう思うからこそ、他人を許せないときもあります。

しかし、最後に慕われ、丁重に扱われ、尊敬されるのは、小さなことにこだわらない人です。

過ちを許すことで、格の違いを示すのです。

040

金は貸してやれ

二度と来てほしくない
面倒な客には、
金を貸してやるとよい

If you'd lose a troublesome visitor, lend him money.

富を手にすると、付き合いたくない相手も寄ってきます。近づく者を拒むこともできません。そんなときは一言、「金を貸してやる」と言えばよいでしょう。

金を貸すとどうなるか？　そのまま連絡が途絶えるのです。銀行にも相手にされず、個人にお金を借りる人の多くは、そもそも、お金を返せない人です。

どうでもいい人と縁が切れるなら、金を貸したほうが安く済む。裏を返せば、大切な人とは絶対に金の貸し借りをしてはいけません。

041

生き方そのものがプレゼント

プレゼントは
硬い心を柔らかくする

Gifts burst rocks.

プレゼントの本質は、物ではなく感情を与えているところにあります。プレゼントから相手の愛情や誠実さを感じる。だから、嬉しいのです。

セールスの結果とは、サービスという真心を提供した結果。富に至る道とは、人の望みを叶える道です。

生き方そのものが「プレゼントしようとして生きている」。信じ難いかもしれませんが、長者の生き方を言葉にすると、これ以上ぴったりな言葉はないのです。

042

嫌いのメカニズム

私たちは、恐れているものこそを嫌う

Those who are fear'd, are hated.

感情には、すべてそれが生み出されるメカニズムがあります。これを習うことをわたしはお勧めします。

人間が行動を起こすモチベーションには大きく2つあります。「得られる利益」か「避けられる損失」です。

得られる利益には近づけるように努力しますが、避けられる損失からも回避しようと行動します。

そして、その人に近づいたら何を損失するのか、という恐れが表れているのが「嫌い」という感情なのです。

どうしても嫌いなものと対面せざるを得ないときには、「わたしは何を恐れているのか？」という質問を自分に投げかけてみてください。

多くの場合、具体的な対応策が生まれるでしょう。

苦手な仕事や人に対して、生理的なものだから仕方ない、と諦めてしまわずに済みます。

043

言葉は最強の鞭（むち）

柔らかい舌が固く打てる

A soft tongue may strike hard.

キリスト教では、舌は「不義の器」と言って、地獄の火の中で焼かれながらも最後に残るもの、とされています。

舌こそが、時には暴力以上に人を死に追い込むものだからです。

言葉こそが、人をどんなものよりも傷つける、強く、固い、鞭だということ。

覚えておきなさい、という注意です。

044
嘘はあなたを孤独にする

真実は二本足で立っているが、
嘘には一本足しかない

A lie stands on one leg, truth on two.

嘘というのはいつか倒れます。もろいものです。
真実は誰かと共有できますが、嘘は一人でしか持てません。
だからずっと一本足のままなのです。
嘘はついたそばから、あなたをじわじわ孤独にしていきます。

金持ちの条件

「時間」と「お金」の管理

time & money

リーダーシップとは、
「選択」と「使命」の管理のことである。

045

マネーリッチではなくタイムリッチ

時間は金そのものである

Time is money.

金持ちになりたければ、まず時間持ちになることです。

いかに金をつくるか、ではなく、いかに時をつくるか、を考えてください。

マネーリッチではなくタイムリッチ。

そうすれば、金を増やすアイデアも出てくるでしょう。

時間の使い方が上手な人は、金の稼ぎ方も上手です。

046

その時間を使ってできること

何でもけなす人と
何でもほめる人は、
どちらも考えなしの阿呆である

Blame-all and praise-all are two block heads.

人を批評する、というくだらない行為に貴重な時間を費やしてしまっている人は阿呆な人物です。

人生の晩年に陥りがちなことですが、人の成功を批評するだけしておいて、その人から学ぼうとしない、真似ようとしない、何もやってみようとしない、ということは、時を無駄にするいかに愚かな行為であることか。

047

お金で時をつくり出す

時間の浪費は
頭と財産を貧困にする

Prodigality of time, produces poverty of mind as well as of estate.

これから、時間と金の基本的な話をします。

時間は全人類平等に1日24時間与えられたもの。それをいかに賢く使うかが富に至る道なのですが、厄介なのは、時は金と違ってストックできない、というところでした。

そこで人間が発明したのが「お金」という道具です。金とは、本来、時間を買うための道具だったのです。

食料を買うということは、本来自分が消費すべきだった野菜や家畜を育てる時間を農家から金で買う、ということ。

こうして人は、金で時をつくり出すことができるようになったわけですが、億万長者の考え方は、基本的にこれと同じです。

得た金で時を買う。

または、得た金を人に与え、自分の余剰時間を生み出す。

そうしてまず、人よりも多く時を稼ぐ。

そして、時間をできるだけ消費せずできるだけ多くの利益を得る、というのが、金持ちになる基本的な法則です。

048
人を安く使わない

人生を愛していますか？
それならば、
時間を無駄にしてはいけない。
なぜなら人生は
時間でできているから

Dost thou love life? Then do not squander time; for that's the stuff life is made of.

好きなことを好きなときに好きなだけできる人生こそ、最高の人生。その時間をつくるために、お金があります。

お金は得るものではなく、人に与えるための道具です。

信頼できる人間を見つけ、その者に責任と評価（お金）を与え、代わりにあなたは自由（時）を得る。

つまりタイムマネジメントとは、お金のマネジメントであり、人材のマネジメントなのです。

時間を無駄にしないということは、人を無駄にしないということ。失ってはいけない人間には十分なお金（評価）を返すこと。

貧乏に苦しむ道を歩む経営者は、いかに人を安く使おうか考えています。

富に至る道を進む経営者は、どうしたら人に与えられるかを考えて生きています。

049

縁の切れ目が金の切れ目

悪い利益は
ほんとうの意味では損失である

Bad gains are truly losses.

「金の切れ目が縁の切れ目」ではなく、「縁の切れ目が金の切れ目」と言ったほうが正しい気がします。

一度でも、この人と仕事はしたくない、この人は信頼できない、と思われてしまえば、その先のすべてのチャンスを失うことにもなりかねない、最悪の事態だと思うからです。

それをわかっていてなお不正な利益に走るのであれば、わたしはもう止めません。

050

人生に傷をつけない

ガラス、陶器、名声は
ひび割れができやすく、
完全にはなおらない

Glass, China and reputation, are easily crack'd, and never well mended.

不正で得た富とは、根が腐った植物のようなもので、いつか必ず枯れ落ちることでしょう。

つくられた名声はガラスと同じで壊れやすいもの。

そして、壊れたものは二度と、元にはもどりません。

051
怠惰は借金

ゆったりとした人生と
怠惰な人生は
まったく違うものだ

A life of leisure, and a life of laziness, are two things.

ゆったりとした時間とは、やるべきことを先にやって、悠々自適としている時間。
怠惰な時間とは、やるべきことを後回しにして、だらだらと過ごしている時間。
宿題を終えたあとの夏休みか、残ったままの夏休みかの違いです。

人生においてもまったく同じことが言えるわけですが、若いころの怠惰は、老後にまで残る借金のようなもの。衰えた身体でそのツケを支払うのは、なかなかに厳しいことです。

052

正しい老い方

老けた若者が若い老人になる

An old young man will be a young old man.

若くしてよく考え、より経験を積み、人生というかぎりある時間を何に使うのか理解し、つまり生きる目的にまで熟達した。

そんな若者こそ、老人になっても若くいることができます。

365日が過ぎたら1歳だけ年をとる、という計算など、1cmや1gといった単位と同じように、社会を回しやすくするために誰かがつくった尺度でしかないのです。

053
なりたい、より、ありたい

死んだとき
忘れられたくなかったら、
読まれるに足る物を書くか、
書かれるに足ることをしろ

If you would not be forgotten as soon as you are dead and rotten,
either write things worth reading, or do things worth writing.

豊かな人生をめざすより先に、豊かな人間をめざしなさい。

なぜならば、豊かな人間こそが豊かな人生を築き上げることができるからです。

054

心が足りていない

脳だけでお腹を満たすことができない賢人が多くいる

There's many witty men whose brains can't fill their bellies.

知っていて行わないのは、知らないのと一緒。
アイデアに価値はなく、実行した人に価値があります。

良いと思ったことを実行できないのは、そこまでの心がないということ。そこまで興味や関心がない、そこまで強い願望がない。

理屈や理論だけがはびこる虚の世界で生きる人。
そういう人は、絶対に、豊かにはなれません。

055

器の大きさが決まるとき

法律は蜘蛛の巣のようだ。
小さなハエしか
捕らないのだから。
大きなハエは目の前で
蜘蛛の巣を突き破っていく

Laws like to Cobwebs, catch small Flies,
Great ones break thro' before your eyes.

世界の2割の人が、世界の8割の富を所有している。

この上位2割の人たちはどういう人たちかというと、社会の仕組みを「つくる側」の人間のことです。

そして彼らはその仕組みに上手に抜け穴を忍ばせ、富を得ています。

こういう話を聞くと、不平不満を言いたくなるかもしれません。その気持ちはわかります。

しかし、それでは永久に変われません。

ルールを守らされる立場から、自分で抜け出そうとしましょう。

経営者だったり、組織のリーダーだったり、自分で仕組みを「つくる側」に回ろうとしましょう。

それだけの違いで、世界の見え方は変わるはずです。

056
仕組みを「つくる側」に回る

自分に巻かれている者は小包みとなる

People who are wrapped up in themselves make small packages.

自分の主義主張に支配され、他人の助言を受けない人生は、小さいまま大成せずに終わってしまいます。

人間は、思考の器の大きさまでしか活躍できません。

その器を広げる努力、求める心で、人生は大きく変わります。

あなたが経営者だとして、1億の売上、1000万円の利益、1000万円の年収を得たとする。

しかし、自分はもう成功したんだ、と思ったときから成長はぴたっと止まります。

人生の器は、そこまでの器として完成されてしまうのです。

器の大きさの分しか富は入らないのです。

057

生き金と死に金

いらない物を買ったら、
そのうち必要なものを
売るような状況になる

Buy what thou hast no need of, and e'er long thou shalt sell thy necessaries.

いらない物に金を使う。つまり、使っても富として返ってこないお金のことを「死に金」と言います。

反対に、人の喜びになる、使うことで信頼や感謝として自分に返ってくるお金、例えるなら、それが物乞いに投げる1枚の硬貨であっても、それは「生き金」と呼ばれるものです。

058
富を得る順番

富を買うために美徳を売るな。
また、権力を買うために
自由を売るな

Sell not Virtue to purchase wealth, not Liberty to purchase power.

富を得る順番を間違えてはいけません。
代価の支払いをし、学び、体得し、分け与える。
富はそうやって手にするものです。

痛みを経験し、その経験が人を賢くし、違う誰かを助ける。
与えてから、与えられる。
富は他者とともに、それを得る過程を楽しむものです。

059
長者の秘宝

この世でもっとも硬いもの3つ。
鉄、ダイヤモンド、そして
自己を知ること

There are three things extremely hard, steel,
a diamond and to know one's self.

自分を客観的に見ることは、ダイヤモンドを砕くのと同じくらい容易ではありません。

しかし、自分を知ることは、ダイヤモンドと同じくらいの価値があるのです。

自己を知る者は富の築き方を知ります。

060

お金への無関心は恥

お金がない人生は
困難なものである

A light purse is a heavy curse.

お金は、人生を豊かに生きるために必要なもの。
お金は、目的を成し遂げるための必要なもの。

ですから、お金を軽く見たり、ぞんざいに扱う
というのは、人生を棒に振っているのと同じです。

061
猿ではなく人間として

嫉妬で燃えている猿は、
いちばん世話好きな友まで
噛んでしまうだろう

Monkeys, warm with envious spite, their most obliging friends will bite.

人間以下の行動、というものがあります。

嫉妬に燃えて友を噛む、という行動もまさにそのひとつです。

嫉妬心ほどこわいものはありません。

とてもとても強いものです。

富に至る道に嫉妬はつきものです。

自分が嫉妬する心より、嫉妬される行動に注意しましょう。

大切なことは、事実として、あなたは嫉妬されるようなことはしていない、と思っていても、相手が自分をどう解釈しているかを理解しようとすることです。

相手の立場に立って、相手が見ている現実を推しはかること。

あなたは人間でも、あなたの周りには必ず猿のような人間がいます。

062
基礎は良き師

熟練の人から学びなさい。
独学は愚かな先生である

Learn of the skilful; He that teaches himself, hath a fool for his master.

独学は尊いものです。しかし、生きている人間には必ず、時間という壁があります。その時間を短縮するためには、良き師を探すことです。良き師とは「基礎」のことです。

違う表現をすれば、基礎とは先人の知恵の上に成り立つ「時間短縮の技」ですから、一刻も早く習得すべきです。

063
石垣をじっくりつくる

急に力をつけると愚かになり、
急に自由になると
生意気になる傾向がある。
もっともよいのは、
徐々に成長することである

Sudden power is apt to be insolent, sudden liberty saucy;
that behaves best which has grown gradually.

石垣を想像してみてください。下に行けば行くほど、大きな石が数多く並べられていますね。じっくりと積み上げた経験をもとにした繁栄は崩れないのです。

反対に、急ぎ足の成功は、だるま落としのように石を積み上げるようなもの。

若き日の土台があってこそ、そこに上物を建て、過日、投資してきた建物から安定した収入を得られるようになる。

人生とはそういうものです。

064
志と富は比例する

貧乏であることは
恥ずかしいことではない。
貧乏を恥ずかしい、と
思っていることが恥ずかしい

Having been poor is no shame, but being ashamed of it, is.

学歴がない、家柄がない、金がない。

わたしは「ない世界」で生きてきた人間でした。原体験は他の人たちから見ると、苦労やつらさがあったと思われるでしょう。

しかし、これがわたしの「命を最大限に使いたい」という、モチベーションの源となりました。

事実はひとつ、解釈は無数です。この世に何ひとつ不必要な体験は存在していません。

貧すれば鈍する、という言葉があります。貧乏だからといって、求める心が鈍くなってしまってはいけない。心が貧しくなることだけは恐れなくてはいけません。

貧乏なときこそ「むさぼる」のではなく「与える」側に回ること。

縦の軸の上は責任、下は無責任、横の軸の右は現実、左は非現実、右斜め上に伸びていく線は正、不正。

世の中のためになる「正」の方向に生きていけば、資本などいくらもなくても、人が力を貸してくれる。

志と富の高さは比例するのです。

リーダーシップ

「選択」と「使命」の管理

leadership

リーダーシップとは、
「選択」と「使命」の管理のことである。

065
ほんとうにケチな人

礼儀や相談、冷静な表情のような
金のかからないものに対して
けちになるな

Be not niggardly of what costs thee nothing, as courtesy,
counsel and countenance.

もっともケチな人間だと思うのは、金銭を出し渋る人間ではなく、お金すらかからないものを出し惜しみする人間です。賞賛や微笑み、人の良いところを見て率直に言葉にしてあげること。

いわゆる心遣いや心配り、そしてそれにかける時間だけはケチってはならないのです。

小さな人間だ、と思われたくないのであれば。

066

もっとも折れにくい強さ

柳は弱いが、
薪をまとめることができる

Willows are weak, but they bind the faggot.

突き抜けたリーダーシップがなくても構いません。
圧倒的な言葉の力がなくても構いません。
鋭さや頑丈さがなくても、あなたに「しなやかさ」という武器があれば構いません。

一見、弱く見える人が、柔軟性をもっていたり、配慮ができたりすることがよくあります。そんな人の存在が組織をまとめあげることがよくあります。

柔らかさの中にある強さこそ、もっとも折れにくい強さです。

067

知識より配慮

配慮の不足は
知識の不足よりも損失が大きい

Want of care does us more damage than want of knowledge.

知識の不足は配慮で補うことができます。
配慮の不足は知識で補うことができません。

068

一言で沈める

言葉の洪水と
理屈の一滴をもって
雄弁家が登場だ

Here comes the orator, with his flood of words, and his drop of reason.

沈黙はいつも賢者のサイン、というわけではありませんが、話しぎることは明らかに愚か者のサインです。

話す言葉のほとんどはその場のコミュニケーションを保つためのものでしかない。ほんとうの課題を突く言葉は、じつは1行で足ります。

真のリーダーは、最後まで、その課題と解決策を見極めるそのときまで、口を開かなくてよいのです。

069

決断の目安

1分間でよくわからなかったら、1時間を無駄にする

Since thou art not sure of a minute, throw not away an hour.

リーダーの仕事とは決断をすること。そして決断の質には、目安となる時間があります。

1分です。

1分ほど考えても答えが出ないのは、最善の選択をするための情報が揃っていない、というサインです。

すなわち、極端に言えば、だらだらと1時間1回だけ悩むより、1分間を60回、考えたほうがいいのです。

考えるタイミングが朝と夜と違うだけで、頭に入っている情報は変わっているかもしれないし、取り巻く状況も変わっているかもしれない。

今考えても無理、という決断は潔く行いましょう。

070
言行一致のコツ

足を滑らせても
すぐに治るだろうが、
舌を滑らせたら
二度と治らないかもしれない

A Slip of the Foot you may soon recover, but a slip of the Tongue you may never get over.

紙に書いた約束よりも、言葉の約束のほうが重い。

これは、人間関係における至言です。

人間関係は、事実（出来事）より現実（解釈）に左右されます。

ですから、思っている以上にリーダーは慎重に言葉を選ぶべきです。

考えなしに、あるいは嘘を交えて発した言葉は、必ずあとで「言った・言わない」の大問題となります。

わたしはこうも考えます。

自分がどんな発言をしたか、をいちいち覚えておくことは、脳の容量を食うコストでしかありません。

慎重に、かつ正直な言葉しか言わない、という習慣を身につけておけば、おぼえておく必要もなければ、問題になることもない。そのほうが圧倒的に効率がよいのです。

尊敬されるリーダーの特徴とは言行一致の姿ですが、そのコツは、どんな行動を起こすか、より、どんな言葉を選ぶか。

そのうえで、正直さを貫き、言ったことを必ず実行して完結させることです。

071

言葉より耳を鍛える

よく聞こえる耳は
数百の舌を乾燥させる

A pair of good ears will drain dry an hundred tongues.

話すよりも聞くことが大切です。
年をとればとるほど。
あるいは立場が上がれば上がるほど。

072
喜びを与えるタイミング

厳しくルールを決めるよりも、細々と賞与を与えるほうがよい

A lean award is better than a fat judgment.

惜しみない称賛と承認こそ、上に立つ者の役割です。

仕事とは、100m走ではなくマラソンのようなもの。

長い長い道のりを走りきるには、一度にたくさんの給水は必要なく、少しずつ、繰り返し得られる喜びが必要なのです。

評価を出し惜しみする必要はありません。

073
誰のための成功なのか

寛大であるということは、
多くを与えるということではなく、
賢く与えるということである

Liberality is not giving much, but giving wisely.

挑戦ののりしろもない。
経験も積めない。
達成感も得られない。
過保護な成功は、未来から見れば失敗です。

074
利益を言葉にする

穏やかな法律は
めったに守られない。
厳しすぎる法律は
めったに実行されない

Laws too gentle are seldom obeyed; too severe, seldom executed.

そもそも甘かろうが厳しかろうが、ルールや規則とは、基本的に守りたくないものではないですか？

人間の心とは単純で、そこに損失しかないと思うなら守らないし、利益があると思うなら、やりたくなくても守るのです。

守らせたい決まりごとは、誰にどんな利益をもたらすものなのか、それを言葉にできる人こそリーダーです。

075
立場や権利を手にしたそのあとのこと

あなたは権利の中で
自分の存在を持つことで、
大きく踏み外すことが
あるかもしれない

You may sometimes be much in the wrong, in owning your being in the right.

10年、20年、30年……。

努力し、背伸びし、歯を食いしばり、うつむいて、クヨクヨし、胸を張り、ようやく立場を確立できたことでしょう。

その立場には、権利もたくさんついてきたことでしょう。

しかし、いちばん気をつけなければいけないのは、立場や権利を手にした「そのあと」です。

立場からものを言ったり、権利で人を操ろうとすると、たちまち失脚の二文字が待っています。

それらは、あなたが勝ち得たものではなく、周りから貸し与えられたものでしかないからです。

あなたの周りにいる人たちが、「あなたに」心から心服して従っているのか、「立場」に渋々付き合っているのか。

勘違いしてはいけません。
錯覚してはなりません。

076

正しいのは世間様

自分の発言にいつも頷く人に
賛成してはいけない

Approve not of him that commends all you say.

人間というものは、偉くなるとどうしてこうも簡単に、このような金言を忘れてしまうのでしょうか。

人間というものはどうしても「自分のことを正しいと思いたい存在」なのです。

誰であっても、自分の正しさを裏付けしてくれる人の言葉に耳を貸してしまいます。わたしでも、そんなときはたくさんあります。

そんなとき、盲目にならない唯一の方法が「衆知」です。

より広く、人の声に耳を傾け、多くの人の表情に目を向ける。

イエスマンが言う現実＝（自分のとって都合のいい解釈）ではなく。

赤の他人様が言う事実（＝誰の目から見ても理にかなった情報）を見出すこと。

とにかく、自分を知っている身内より、自分を知らない世間は正しい。

世間の求めに応じて努力するしかありません。

077

求められる人物像

20歳は意志、30歳は機知、40歳は判断力が統治する

At 20 years of age the will reigns ; at thirty the wit ; at 40 the judgment.

20代に求められるものは意志。何がしたい、どうなりたい、志への行動が評価される世代です。

30代に求められるものは機知。機転、機知、機敏、「機」を捉える力が評価される世代です。

40代に求められるものは判断力。年齢と経験、そこから生まれる選択の質が評価される世代です。

努力よりも選択の質です。

078
年の功

若さは生意気で積極的であり、年をとることは謙虚で疑い深い。とうもろこしの穂が若く軽いときはまっすぐと立つが、重く実が詰まり熟してくると頭を垂れる

Youth is pert and positive, Age modest and doubting:
So Ears of Corn when young and light, stand bole upright,
but hang their Heads when weighty full, and ripe.

未熟さゆえの主張、若さゆえの積極性は肯定的に捉えてあげなさい。あなたにも、未熟者だった時代があるでしょう。

まだ青くほろ苦い時期があったからこそ、年をとった今、素直にこうべを垂れることができるのです。

人の甘さを知り、許容し、生かすことで、実はしっかりと甘く熟して「どうぞ食べてください」と言える価値が詰まるものです。

079

目をつむって考える

静かな良心は雷の下でも眠れる

A quiet conscience sleeps in thunder.

誰にも共有できない、自分一人で解決するしかない、リーダーにはそんな夜もあるでしょう。

雷や嵐のような状況に陥ったときは静かに目をつむって、原理原則を思い出しなさい、それをもとに判断しなさい。

原理原則とは、人々がしてほしいと望む通りのことをせよ、という神からの命令です。その命に従うことこそが富に至る道。

どんなに混乱した状況にあっても、心が騒がしくても、原理原則は静かにあなたを見守っています。

080

潔く諦める

情熱の終わりは後悔の始まり

The end of passion is the beginning of repentance.

どんなに偉大な人物だろうと、後悔は持っているものです。

後悔には2種類あります。

まだできたかもしれない過去、これは行動への未練です。

実現していたかもしれない未来、これは結果への未練です。

結果への未練は、どんな行動をしても必ず残ります。これは潔く諦める。

「もっと情熱を燃やせばよかった」という、自分の行動への悔いだけはせずにいたいものですね。

081
指導者失格

人があなたをがっかりさせるから
怒っているのか？
おぼえておきなさい、
あなたは一人では
生きることはできないのだ

Are you angry that others disappoint you? Remember you cannot depend upon yourself.

どうしてできないのか。
どうして言う通りにならないのか。
どうしてそこに気づかないのか。
どうして遅れてしまうのか。

人にがっかりする。その原因は、相手の想像とあなたの期待とのギャップにあります。

求めている内容自体が間違っているのです。

勝手に期待しておいて、その通りにならないと期待外れだ、と怒る。相手にとっては知ったことではないし、独りよがりの期待から生まれる怒りは、自分の器の小ささを表しているようなものです。

才能の違いもあります。
持っている能力の違いもあります。

自分を100にして、自分と同じレベルに相手を見ること自体が、上に立つ者がもつ目線として、失格なのです。

082
人は老いるが組織は若返る

あなたの家族があなたを
名誉に思うなんて残念です。
あなたがあなたの家族を
名誉に思うべきなのに

Tis a shame that your family is an honor to you!
You ought to be an honor to your family.

「家族」を「部下」に変えても同じです。良い成果が生まれたときは、あなたではなく下の者が「この仕事はわたしがやり遂げました」と言える環境をつくりましょう。

人は老いますが、組織は若返らせることが可能です。そのコツは、責任は上に成果は下に、です。組織は個人の集合体であり、その中心は指導者の信念です。組織の姿勢はあなたの姿勢そのものなのです。

083

リーダーの損得

傷つくものは、導くものだ

The things which hurt, instruct.

どんな場面でも、いつの時代でも、先頭を切る者が傷つくのです。

しかし、先頭を切る者は愛ある者です。

愛によって生まれた傷の癒しは早く、その傷には、必ず同等かそれ以上の幸福の種が隠されています。

傷を癒してくれる者が必ず現れる。

共に戦ってくれる者が必ず現れる。

それらは、最初に痛みを背負ったからこそ得られた「富」です。

自分を鍛える

「甘え」と「弱さ」の管理

self help

自分を鍛えるとは、

「甘え」と「弱さ」を管理することである。

084
良い習慣と悪い習慣は同居できない

埃は
土壁にくっつくかもしれないが
磨かれた大理石には
絶対にくっつかない

Act uprightly, and despise calumny; dirt may stick to a mud wall,
but not to polish'd marble.

磨かれた大理石とは、良い習慣のこと。
埃とは、悪い習慣のこと。

先に良い習慣を身につけていれば、悪い習慣は同居できません。悪習は直すより身につけないほうが簡単なのです。

085
他人に指摘される前に

あなたの悪徳は
あなたが最初に殺しなさい

Let they vices die before thee.

自分が持っている悪徳は、他人に指摘される前に自分で潰しなさい。

自分の欠陥に気づくことは難しいことかもしれませんが、気をつけるべきはたった二点です。

自分が間違っていると思っていることをしてはいけない。

自分が悪いと思ったことはしてはいけない。

そして、この二点を「損得」の天秤にかけてやってしまうことです。

086
ほんとうに美味い酒

お酒は心配事を無くさない。
かえってそれに水分を与えて
大きくする

Drink does not drown Care, but waters it, and makes it grow faster.

酒は喜びを倍増させますが、心配を膨らませる
ものでもあります。
逃避の酒より、勝利の美酒。

087
賢さとは客観性のこと

馬鹿な者は面倒だが、
自分を賢いと思っている馬鹿は
もっと面倒だ

There are no fools so troublesome as those that have wit.

では反対に、賢い者とは？

自分の思考や行動を客観的に把握できる者です。
自分を正しく評価できていない愚か者がやる気になっても、それは、「やる気になった愚か者」になっただけ。

088

賢くルーズに

悪を許すことは
善を傷つけるようなものだ

Pardoning the bad, is injuring the good.

「ルーズは貧乏の母」と言いますが、許されるルーズさと、許されないルーズさがあります。

その違いはどこにあるのでしょうか？

たとえば、新聞記者の机の上はいつも散らかっているイメージがありますね。

しかし、記者にとって、机の上が散らかっていることはルーズではありません。その理由は、記者はいつも「スクープをとるために現場にいるから」です。

机の上がいかに汚かろうが問題ではなく、記者にとってのルーズとは現場に足を運ばないことなのです。

つまり、ルーズさとは、行動ではなく職務責任に対してはかられている。

どこに手を抜き、どこに力を込めるのか。

この塩梅が上手な人こそ、賢い人です。

089

長者は足るを知る

満腹は悪の母である

A full belly is the mother of all evil.

大食いでなければ金持ちになれたかもしれない人がどれほどいたことでしょう。

富を築くものは、足るを知っています。経営で言うと「適正経営」という言葉がありますが、より簡単に言うと「無理」をしないということです。

「無理」とは、理がないということ。

目の前の快楽に流されて、ベストコンディションを失う。理のないことは、災いのもとでしかありません。

090
空腹に礼を言う

豊かな台所は意志を弱くする。
空腹こそ
もっとも美味いピクルスである

A fat kitchen, a lean will.

大人物とは、向上心が肉を着て歩いているような人間です。

もっと良くしたい。まだまだ……。

こう思いながら、一度の人生、二度ない人生をほんとうに悔いなく生きていきたいという不足感(空腹)は、世界でいちばん美味いピクルスのようなもの。さらなる向上心(食欲)を掻き立てます。

091

脂ではなく徳を重ねる

豚の優れているところは
太っていること。
人の優れているところは
徳があること

The excellency of hogs is fatness, of men virtue.

豚は肥え、脂を乗せ、食べられてはじめて生きた価値があります。家畜は食べられるために存在しているからです。

しかし、人間の場合、必要以上に太っていることは忌み嫌われる原因となります。求められているものが豚と人間では異なるからです。

節制できない、自分に甘い人間にわたしは言いたい。

あなたは食べられるために生きているのですか？

その身体に、人間が積み重ねるべきは、「脂」ではなく「徳」です。

092
やはり継続は力なり

小さな揺れも、
いつか大きな樫の木を倒す

Little strokes fell great oaks.

小さな揺れも、いつかは振り子のように大きくなり大木を倒す。
同じように、石の上にぽたぽたと落ちる小さな水滴も、いつかは硬い石に穴を開ける。

継続は力なり、です。

093

恋愛の禁止事項

自分自身と恋に落ちる男には、ライバルすらできない

He that falls in love with himself will have no rivals.

あなたにライバルはいないと言うのですか？
それって、自分の良いところばかりに目を向けて、ただ盲目になってしまっているだけではありませんか？

自分を愛することは大切ですが、自分に恋はしないほうがいい。
うぬぼれ、おごり、高ぶりは良き友まで失います。

094
普遍的な勝因

「よくやった！」は
「よく言った！」よりましだ。

Well done is better than well said.

よく為すは、よく語るに勝る。
話すのは少し。
実行はたくさん。

095
失敗はキャリアのひとつ

君の失敗を友人に告げること、
それが友人を大いに信頼する
ということだ。
友人の失敗を友人に告げるより、
偉大な信頼なのだ

'Tis great Confidence in a Friend to tell him your Faults,
Greater to tell him his.

失敗はあなたの試行錯誤の結果であり、誰かを
勇気づけることがあるかもしれない歴史であり、
周りを味方にするチャームポイントかもしれない。

失敗とは挑戦のキャリアです。
あなたの確かな実績のひとつなのです。

096
「やればできる」を隠れ蓑(みの)にしない

汝の才能は使うためにつくられ
たから隠すな。
影の中の日時計には
意味がないのだろう

Hide not your Talents, they for Use were made:
What's a Sun-Dial in the Shade?

努力している人を馬鹿にしていませんか？
「やればできる」という言葉に身を隠して、努力からいつも逃げていませんか？

097

実力は佇(たたず)まいに現れる

謙虚さは善、おずおずとした恥じらいは悪

Tho' Modesty is a Virtue, Bashfulness is a Vice.

同じ物静かな人でも、中身があれば謙虚な佇まいに映り、中身がなければおずおずとした恥じらいに見えるものです。

謙虚さは、余裕の表れ。
恥じらいは、自信のなさの表れ。

098

努力の虫

蝶をよくいえば、
着飾った毛虫であり、
ただ派手でしゃれた絵である

What is a butterfly at best? He's but a caterpillar dressed,
the gaudy fop's his picture just.

ほんとうはみな、毛虫なのです。
成功者も、誰も、もとを正せば一人の同じ人間です。

言葉は捉え方しだいですが、あなたは、ただ派手に着飾っただけの毛虫でしょうか。
それとも、サナギになり、蝶になる前の自分を変えようと努力する毛虫でしょうか。

099
納得して生きる

長い人生が
良い人生だとはかぎらない。
しかし、
良い人生は充分に長い

A long Life may not be good enough, but a good life is long enough.

良い人生とは、納得のいく時間が多かった人生。

不平や不満、不安。名前に「不」のつく感情は、砂時計のように心に積もっていきます。


しかし富に至った先人たちは、降り積もる砂を少しでも減らせるように、与えられた時間を、できるだけ自分が納得した選択と行動で埋め尽くせるように努力しました。

その努力のひとつがセルフカウンセリングです。


わたしは何を求めているのか？


わたしにとっていちばん大切なものは何か？

そのために今、何をしているのか？

その選択は効果的か？　もっと良い方法はないか？


自分に質問し、毎日、自分が納得できるかどうかを確認して生きています。毎朝、鏡を見ながらする人もいれば、犬の散歩をしながらする人もいます。

効果が信じられませんか？

しかし、そうして富を得た者と、結局貧にあえぐ者、どちらが賢者でしょうか？

100
自分がどうするかが大事

国家が変わっても
腐敗した議会は治らない。
ベッドを変えても
熱は下がらない

Changing countries or beds,cures neither a bad manager, nor a fever.

ベッドは決して病を治してくれません。自分が身体を整え、治癒力を高めなければ、病は治らないのです。

政治だろうが経営だろうが、健康だろうが寿命だろうが同じこと。

箱が変わっても、中身が変わらなければ何も変わらないのです。

101

ついた嘘のぶんだけ消えるもの

自分自身を騙すことが、
この世でいちばん簡単なことだ

It's the easiest thing in the world for a man to deceive himself.

自分で自分を一時的に騙すことはできますが、
同時に、永続的に失うものがあなたの「自信」です。
重ねた嘘の分だけ、結局、自信がなくなっていきます。

102

禁句

悪い評論家は最高の本でも台無しにする

Bad Commentators spoil the best of books.

他者が、誰から見ても賞賛されるべき成果を出した。それは、自分が生み出す予定の成果だった。こうなると、人はくだらない評論家に成り下がってしまいます。

先を越された羨ましさからか、自分ができなかった悔しさからか、その事実を批評し、都合よく解釈をねじ曲げ、次の二言で終わりにしてしまいます。

「運が良かっただけだ」「俺にもできた」。

なんとも、恥ずかしいことです。

103

どちらの人間か

債務者より債権者のほうは記憶がいい

Creditors have better memories than debtors.

借りた側が覚えていなくても、貸した側は忘れていません。

約束も同じです。破った側は覚えていなくても、裏切られた側は忘れていません。

わたしも若いころは約束を守れない弱い人間でしたが、年をとり、ようやく約束を守れる大人になれたと思います。

人間としての成長とは、責任を果たせること、約束を守れること、人様に迷惑をかけずに、自分の求めるものを手に入れられるようになることです。

104

推測を頼りにしない

絶望は何人かだけを破滅させる。
憶測は多数の人を破滅させる

Despair ruins some, presumption many.

「推測」や「憶測」ほど、頼りにならない根拠はありません。

にもかかわらず、信じるにたやすく、しかし同時に裏切られるにもたやすい憶測を頼りにして多くの人が破滅します。

怠惰な者ほどそういった傾向にあります。

確信をもとに動いた失敗と推測をもとに動いた失敗を比べた場合、同じ失敗でも、価値のない、叱咤するにも値しない失敗はどちらでしょうか？

答えは後者です。推測や憶測をもとにした行動には根拠がないので、何をもって失敗したかすらわからず、次に活かす経験にすらなりません。

推測や憶測をする暇があったら、ひとつでも多く事実を把握することから取りかかりましょう。

生き恥を晒さない

「欲」と「プライド」の管理

desire & pride

生き恥とは、「欲」と「プライド」を
管理できないことである。

105

プライドが人生の邪魔をする

プライドが増加すると、
運が低下する

As pride increases, fortune declines.

プライドという言葉はいくつかの言葉に分けられますが、人生に必要なものが「自尊心」、邪魔なものは「うぬぼれ」です。

自尊心とは「自己愛」のこと。
自分を思いやる気持ちであり、そのために自分を価値ある人間にしようという心。
うぬぼれとは「利己愛」のこと。

自分を大きく見せようとするあまり、他人と自分を比較し、自己をより高い位置に置こうとする心。

このうぬぼれの評価と実際の評価の間にギャップを感じたとき、不平不満をこぼします。

そして結局、人間関係に障害が出て、簡単に言うと嫌われるのです。
みな謙虚な人が好きなのです。

106
予兆

プライドは
欲求と同じくらい
うるさい乞食である。
そして欲望よりも
はるかに生意気である

Pride is as loud a Beggar as Want, and a great deal more saucy.

ここでいうプライドは「自負心」のことです。

「俺はすごいんだぞ」と示したい欲求は、一度走り出してしまうともう止まりません。

人間、自分を客観的に見ることができているあいだは転びませんが、自分が見えなくなったときに能力以上のことを引き受けたり、人を傷つけてしまったり、よくないことが必ず起こるものです。

それは、単なる欲望よりもはるかにおそろしいものです。

107

敵が増えていく理由

プライドは馬車に乗り、恥が後ろから追いかけて乗る

Pride gets into the Coach, and Shame mounts behind.

痛みのある場所がいつも問題に出会うように、プライドの高い人はいつも無礼な行為に出会います。

痛いところがいつも擦れて痛いように、プライドの高い人はいつも敵に出会ってしまいます。

108
身体に食べ物を、心に満足を

虚栄心は花を咲かすが、
実を結ぶことはない

Vain-glory flowereth, but beareth no fruit.

人は身体に食べ物を、心に自己満足を、餌にして生きていく動物です。

ですから虚栄心も、自己満足のひとつの表現なのです。

しかし、ほんとうのところを言えば、

「わたしは〇〇を持っていますよ」

「〇〇という人を知っていますよ」

こうした虚栄心は、自信のなさや、劣等感、自分の「不足感」を覆い隠すために生まれるものです。

その自己満足は、心の栄養になることはありません。

種となり、実となるものでもありません。

散ったあとに、実も種も残らない、咲いた意味すらない、虚しい花だったのです。

109

幸福と快楽の違い

多くの人は
快楽を買っていると
思い込みながら、
自分を奴隷として
その快楽に売ってしまう

Many a Man thinks he is buying Pleasure,
when he is really seling himself a Slave to it.

幸福と快楽の違いを人はすぐに忘れます。

幸福とは、永続的なもの。
快楽とは、一時的なもの。

一時的なものを永続的に求めては、幸せにはなれません。

110

人として恥ずかしいこと

知らないのは習う気がないほど
恥ずかしくはない

Being ignorant is not so much a Shame, as being unwilling to learn.

知らなくてできないことは、知ればできるようになりますが、習う気がないということは知る機会すら訪れないわけですから、一生できないままなのです。

向上心がないことほど恥ずべきことはありません。

111
戒め

ひどい傷は回復するだろう。
悪名は回復することはないだろう

An ill wound, but not an ill name, may be healed.

世のため人のためになることをすれば人の目に留まる。
しかし、悪名のほうがはるかに長く人の記憶に留まる。
誰かに引っ掻かれたあなたの傷は、いつかは治る。
あなたが誰かを傷つけたという事実は、一生消えない。

112

人に好かれる人

賞賛を刈り取りたいなら、
優しい言葉と良い行いの
種を撒くべきだ

If you would reap praise you must sow the seeds, gentle words and useful deeds.

本質的に、人はどんな人を好きになるのかといえば、「自分の欲求を満たしてくれる人」となります。

113
一歩を踏み出さない

最初の欲望を
抑えることのほうが、
そのあとに生まれる
すべての欲望を満たすことより
容易い

Tis easier to suppress the first Desire, than to satisfy all that follow it.

不倫を想像してみるとわかりやすいのではないでしょうか。最初に、その手に触れさえしなければ……。

欲望のはじめの一歩ほど、こわいものはありません。快感を味わってしまうと、もっともっと、と求めてしまうのが人間です。

私たちはつねに、自分の願望を現実の世界に一致させよう、として行動しています。

その人生の流れに誰も逆らうことはできないのです。

願望の管理さえできれば良い人生は過ごせるのですが、これがなかなかに難しい。「意思」は「願望」より弱いからです。

そのへんで、やめておきましょう。

やめよう、という意思は、やりたい、という願望には決して勝てないのですから。

114
偉人の正体

過ちを犯すことは
人間らしさであり、
後悔することは神聖であり、
固執することは
悪魔のようである

To err is human, to repent divine, to persist devilish.

偉人とは、決して特別な人物ではなく、自分が抱える弱さに対して、どうしたらその弱さに勝てるだろうか、と最大限の努力をして、その弱さに打ち勝つ方法を生涯求め続けた「普通の人」だと思うのです。

人間は完全な生き物ではありません。

過ちを犯すのも人間。
反省できるのも人間。

しかし、そんな人間をいちばんダメにするのは、弱さを認めない姿勢であり、変えられない過去に執着することです。

115

我慢のしどころ

たくさんの主張より、
少しの主張がいい

Better is a little with content than much with contention.

ついつい話を盛ってしまう。
何気なく大げさに話してしまう。

気持ちはわかりますが、じつにもったいないことです。真実につけ加えられた誇張は逆効果であり、真実を軽くしてしまいます。
そのままの自分で勝負できる自信があるのなら、それ以上、自分をよく見せようとする必要はありません。

116

金は愛のために

お金でなんでもできると思って
いる人は、
お金でなんでもするだろうと
思われている

He this is of Opinion Money will do every Thing may well be suspected of doing every Thing for Money.

お金は、絶対に必要なものです。資本主義では、お金がなければやりたいこともできないわけですから。お金はあらゆる願望を叶える「パスポート」です。

力なき愛は無力、愛なき力は暴力。愛する人を守り通したい。そのためにはやはりお金は必要です。しかし、その守りたい、愛する人だけはお金では買えません。

つまり、お金自体を目的にした人生には何も残らないのです。

117
リマインド

何であれ、
怒りから始まったものは、
恥にまみれて終わる

Take this remark from Richard poor and lame,
Whate're's begun in anger ends in shame.

どうしても腹の虫が収まらないときは、どうかこの言葉を思い出してください。

怒りから始まっても、手に入れられるのは恥しかない。

怒りは時に発明の父でもありますが、過剰に怒るのは暑苦しいだけです。

118

小さな約束

小さな敵なんていない

There is no little enemy.

小さなことに忠実な人は、大きなことにも忠実です。

小さなことも守られなければ、大きなことも成し遂げられない。

ほんとうに成功したかったら、今、目の前の小さな一つひとつのことを実行すること。

そうすれば、必ず大きなことができる人間に成長できるでしょう。

「小さなことこそ大事にしよう」

自負心が大きくなってしまいそうなときほど、小さく呟いてください。

119

安らかに死にたい人へ

怒りと愚かさが仲良く歩く。
後悔が両者のかかとを踏み潰す

Anger and folly walk cheek by-jole; Repentance treads on both their Heels.

どんなことがその人を怒らせるかによって、その人物をはかることができます。

小物ほど小さなことで怒ります。自制心なく怒りをぶつけた結果は愚かなもの。

ほんとうに欲しい最終成果は、誰であれ「幸せ」ではないですか？

感情に任せてその目的を見失い、怒りと愚かさによって主義主張が先行してしまうと、結果的に後悔が重くのしかかってくるでしょう。

幸せには程遠い道の途中で、いつか歩けなくなるほどに。

120
人が最後に欲するもの

満足感は貧しい人を豊かにする。
不満足感は
金持ちの人を貧しくする

Content makes poor men rich; Discontent makes rich men poor.

お金や家、名誉。

人間が得られるものにはいくつかあります。

しかし、わたしもあなたも含め、すべての人間が最後に欲しがるものは同じなのです。それは「満足感」という感情です。

いくら得たか、何を成し遂げたかはとても大切です。

しかし、最終的に私たちは、それを買ったあとや得たあとの満足感を求めているのです。

その感情こそが、神から与えられた唯一の、ほんとうの、人間として生きる、という仕事に対する「報酬」。

10億円を得た者でも、20億円を求めて破産することがあります。

自分がどんな感情に行き着いたら満足できるか、ということをわかっていなかったからです。

121
絶望の手前でやってみてほしいこと

あなたが勤勉であれば
借金を返すことができるが、
あなたが絶望していれば
借金は増え続ける

Industry pays debts, despair increases them.

どんな失意の状況にあっても、人の善意や人の愛を信じる心さえあれば抜け出せます。自分のことしか見えなくなると、差しのべられている手さえ見えなくなる。

自分のことしか見えなくなったとき、ついに人は絶望します。

その前にどうかもう一度、顔を上げて周りを見渡してください。

122
人生の評価基準

彼が何者であるか、で彼を判断してはいけない。同様に、彼がどれだけ所有しているかでも、彼を判断してはいけない

Don't value a man for the quality he is of, but for the qualities he possesses.

では、何によって判断するのか？

それは、彼がどれだけ社会に用いられているか、です。


どれだけ多くの人の役に立っているか。

どれだけ多くの人の力になれる生き方ができているか。

もっと言うと、「あの人はなくてはならない人だ」と言ってもらえるような人物であるか。


これはそっくりそのまま、あなたを評価する場合にも言えます。

123

自己を満足させよ

満足感と富が一緒にいることは
ほとんどない。
富を選んでもいいが、
わたしは満足感のほうがいい

Content and Riches seldom meet together, Riches take thou,
contentment I had rather.

人生の意味と目的の欠落こそ、不幸な人間の最大の特徴です。

そして、終わりのない富の追求は人をゆがませます。

富だけを追求し、意味や目的（生きがい）を見つけられなかった長者は、みなこう言い残して死んでいきます。

「喜びの少ない人生だった」

富は有限であり、ある境界線を超えた富の使い方は滑稽でしかありません。富は世間からの評価でしかなく、自己評価に影響しない、ということです。

人が究極に求めるものは「自己満足」という感情です。

だからこそ、人生に必要ないくばくかの経済的な豊かさを手にしたなら、「ほかのもの」にフォーカスしたほうがいいのです。

人生の幕が降りる瞬間に、あなたは何と言って死にたいですか？

あとがき
小さなフランクリンをめざして

Epilogue

人生とは、本人の選択しだいでいくらでも
変えられるものである。

以前、わたしの講演会に来られた方のなかで「自己啓発の匂いがしますね」と言った人がいました。

「そのとおりです。成功するためには自己啓発は大切ですね」とわたしは答えました。

北海道の函館から産みの親を探して10代で上京し、「小さなフランクリン」をめざして確かに自己啓発し、今の自分があります。

30年前に資本金500万円でつくったアチーブメントという会社は、純資産200倍になりました。

おかげさまでベストセラー作家の仲間入りもでき、家庭環境もあり、大学に行けなかったにもかかわらず大学の客員教授にもならせていただきました。7社の会社の経営責任者と3つの財団、1つの社団の経営責任者をさせていただいています。

すべて自己啓発のおかげです。久しぶりの「自己啓発の匂いがしますね」という言葉に「成功できない人は自己を啓発できない人です」と言いたくなりました。

フランクリンという人物は確かに才もあったでしょう。しかし彼は、十三の徳目をつくり、それを真剣に追求し、自分で人格をつくりあげた典型的な「人間開発のモデル」だと思うのです。

生まれや資質の差はもちろんあり、それはものすごく不平等なものなのですが、本人の選択しだいで人生は変えられる。

わたしも3歳のときに両親が離婚し、母は家から出ていきました。父と再婚相手の義理の母と腹違いの妹との暮らしは、不愉快な比較にさらされとてもつらいものでした。

しかし、17歳のときに家を飛び出し、溶接工見習いとして社会に飛び出し、「本人の選択で人生はいくらでも変えられる」という可能性に挑戦してきたのです。

人生の目的は真の成功者になり、社会に貢献することです。わたしはブルガリアの芸術家ゲオルギー・チャプカノフ氏の作品「The Wall」という作品が好きです。硬く分厚い壁に牛がその角をもって体当たりしている像。わたしはこの牛が好きです。

この世のすべてのネガテイブな偏見の壁に体当たりしていきます。信念をもって自己を啓発し、ともに一度の人生を悔いない人生にしましょう。

青木仁志

参考文献

『フランクリン自伝』松本慎一・西川正身訳(岩波書店)、『フランクリン自伝』鶴見俊輔訳(土曜社)、『Wit and Wisdom from Poor Richard's Almanack 』Dover Thrift Editions (Dover Publications) 、『Poor Richards Almanack』(Peter Pauper Press)、『ベンジャミン・フランクリン、アメリカ人になる』ゴードン S.ウッド(慶應義塾大学出版会)、『筋を通せば道は開ける フランクリンに学ぶ人生の習慣』齋藤孝(PHP研究所)、『プーア・リチャードの暦』真島一男監訳(ぎょうせい)、『若き商人への手紙』ハイブロー武蔵訳(総合法令出版)、『地上最強の商人』オグ・マンディーノ(日本経営合理化協会出版局)、「Poor Richard's Almanack」Rocket Edition by Jon Craft

青木仁志

（あおき・さとし）


北海道函館市生まれ。若くしてプロセールスの世界で腕を磨き、トップセールス、トップマネジャーとして数々の賞を受賞。その後に能力開発トレーニング会社を経て、1987年、32歳で選択理論心理学を基礎理論としたアチーブメント株式会社を設立。会社設立以来、39万名以上の人財育成と、5000名を超える中小企業経営者教育に従事している。

自ら講師を務める公開講座『頂点への道』講座スタンダードコースは28年間で685回以上毎月連続開催、新規受講生は34,964名を数え、国内屈指の公開研修へと成長している。

同社は、Great Place To Work® Institute Japanが主催する「働きがいのある会社」ランキングにて3年連続ベストカンパニーに選出（2016-2018年度、従業員100-999人部門）され、また 日経新聞による『就職希望企業ランキング』では、社員数300名以下の中小企業では最高位（2014年卒対象 就職希望企業ランキング第93位）を獲得。

現在では、グループ7社となるアチーブメントグループ最高経営責任者・CEOとして経営を担うとともに、一般財団法人・社団法人など4つの関連団体の運営と、医療法人の常務理事を務めている。

2010年から3年間、法政大学大学院政策創造研究科客員教授として教鞭を執り、「日本でいちばん大切にしたい会社大賞」の審査委員を7年間歴任。また、「人を大切にする経営学会」常任理事、復旦大学 日本研究センター 客員研究員、公益社団法人経済同友会会員としても活動している。

著書は、30万部のベストセラーとなった『一生折れない自信のつくり方』シリーズ、松下政経塾でも推薦図書となった『松下幸之助に学んだ「人が育つ会社」のつくり方』(PHP研究所)、『志の力』など累計55冊。解題は、ナポレオン・ヒルの『新・完訳 成功哲学』をはじめ、計4冊。 一般社団法人日本ペンクラブ正会員・国際ペン会員としても活動。

医療法人社団友志会 常務理事
一般財団法人　日本プロスピーカー協会（JPSA）代表理事
一般財団法人　ウィリアムグラッサー記念財団　理事長
一般財団法人　東京メトロポリタンオペラ財団　理事長
一般社団法人　日本ビジネス選択理論能力検定協会　会長
日本選択理論心理学　副会長
日本 CBMC　理事長
認定特定非営利活動法人 日本リアリティセラピー協会 専務理事
一般社団法人　日本ゴスペル音楽協会　理事
人を大切にする経営学会　常任理事
「日本でいちばん大切にしたい会社」大賞　審査員
一般社団法人日本ペンクラブ 正会員
東京中央ロータリークラブ　会員
公益社団法人 経済同友会　会員
法政大学大学院　政策創造研究科　客員教授（2010年〜2013年）
復旦大学 日本研究センター 客員研究員（2017年〜）

ブログ：http://www.aokisatoshi.com/diary
フェイスブックページ：https://www.facebook.com/achievementaoki

この本を読んでいただき、ありがとうございました。
ご質問等がある方は、下記のメールアドレスまで
何なりとお寄せください。
皆さまとの出会いを楽しみにしております。

青木仁志
Email:speaker@achievement.co.jp

アチーブメント出版

[twitter] **@achibook**

[Instagram] **achievementpublishing**

[facebook] **https://www.facebook.com/achibook**

弱さに一瞬で打ち勝つ無敵の言葉

超訳ベンジャミン・フランクリン文庫版

2019年（平成31年）3月5日　第1刷発行
2025年（令和7年）7月24日　第2刷発行

編訳
青木仁志

発行者
塚本晴久

発行所
アチーブメント出版株式会社
〒141-0031 東京都品川区西五反田2-19-2　荒久ビル4F
TEL 03-5719-5503 ／ FAX 03-5719-5513
https://www.achibook.co.jp

翻訳
有限会社フォント（宮外真理子・田中時恵・Hamant Sharma）

装丁・本文DTP
大場君人

印刷・製本
株式会社光邦

ISBN 978-4-86643-045-4